NAME: _____

AGE: _____

_____

MW00438279

_____

_____

_____

_____

NAME: _____

AGE: _____ **DATE:** _____

_____

_____

_____

_____

NAME: _____

AGE: _____ **DATE:** _____

_____

_____

_____

_____

_____

NAME: _____

AGE: _____ **DATE:** _____

_____

_____

_____

_____

NAME: _____

AGE: _____ **DATE:** _____

_____

_____

_____

_____

NAME: _____

AGE: _____ **DATE:** _____

_____

_____

_____

_____

NAME: _____

AGE: _____ **DATE:** _____

_____

_____

_____

_____

NAME: _____

AGE: _____ **DATE:** _____

_____

_____

_____

_____

NAME: _____

AGE: _____ **DATE:** _____

_____

_____

_____

_____

NAME: _____

AGE: _____ **DATE:** _____

_____

_____

_____

_____

NAME: _____

AGE: _____ **DATE:** _____

_____

_____

_____

_____

NAME: _____

AGE: _____ **DATE:** _____

_____

_____

_____

_____

NAME: _____

AGE: _____ **DATE:** _____

_____

_____

_____

_____

NAME: _____

AGE: _____ **DATE:** _____

_____

_____

_____

_____

NAME: _____

AGE: _____ **DATE:** _____

_____

_____

_____

_____

NAME: _____

AGE: _____ **DATE:** _____

_____

_____

_____

_____

NAME: _____

AGE: _____ **DATE:** _____

_____

_____

_____

_____

NAME: _____

AGE: _____ **DATE:** _____

_____

_____

_____

_____

NAME: _____

AGE: _____ **DATE:** _____

_____

_____

_____

_____

NAME: _____

AGE: _____ **DATE:** _____

_____

_____

_____

_____

NAME: _____

AGE: _____ **DATE:** _____

_____

_____

_____

_____

NAME: _____

AGE: _____ **DATE:** _____

_____

_____

_____

_____

NAME: _____

AGE: _____ **DATE:** _____

_____

_____

_____

_____

NAME: _____

AGE: _____ **DATE:** _____

_____

_____

_____

_____

NAME: _____

AGE: _____ **DATE:** _____

_____

_____

_____

_____

NAME: _____

AGE: _____ **DATE:** _____

_____

_____

_____

_____

NAME: _____

AGE: _____ **DATE:** _____

_____

_____

_____

_____

NAME: _____

AGE: _____ DATE: _____

_____

_____

_____

_____

NAME: _____

AGE: _____ DATE: _____

_____

_____

_____

_____

NAME: _____

AGE: _____ DATE: _____

_____

_____

_____

_____

NAME: _____

AGE: _____ **DATE:** _____

_____

_____

_____

_____

_____

NAME: _____

AGE: _____ **DATE:** _____

_____

_____

_____

_____

_____

NAME: _____

AGE: _____ **DATE:** _____

_____

_____

_____

_____

_____

NAME: _____

AGE: _____ **DATE:** _____

_____

_____

_____

_____

NAME: _____

AGE: _____ **DATE:** _____

_____

_____

_____

_____

NAME: _____

AGE: _____ **DATE:** _____

_____

_____

_____

_____

NAME: _____

AGE: _____ **DATE:** _____

_____

_____

_____

_____

_____

NAME: _____

AGE: _____ **DATE:** _____

_____

_____

_____

_____

_____

NAME: _____

AGE: _____ **DATE:** _____

_____

_____

_____

_____

_____

NAME: _____

AGE: _____ **DATE:** _____

_____

_____

_____

_____

NAME: _____

AGE: _____ **DATE:** _____

_____

_____

_____

_____

NAME: _____

AGE: _____ **DATE:** _____

_____

_____

_____

_____

NAME: _____

AGE: _____ **DATE:** _____

_____

_____

_____

_____

NAME: _____

AGE: _____ **DATE:** _____

_____

_____

_____

_____

NAME: _____

AGE: _____ **DATE:** _____

_____

_____

_____

_____

NAME: _____

AGE: _____ **DATE:** _____

_____

_____

_____

_____

_____

NAME: _____

AGE: _____ **DATE:** _____

_____

_____

_____

_____

_____

NAME: _____

AGE: _____ **DATE:** _____

_____

_____

_____

_____

_____

NAME: _____

AGE: _____ **DATE:** _____

_____

_____

_____

_____

NAME: _____

AGE: _____ **DATE:** _____

_____

_____

_____

_____

NAME: _____

AGE: _____ **DATE:** _____

_____

_____

_____

_____

NAME: _____

AGE: _____ **DATE:** _____

_____

_____

_____

_____

_____

NAME: _____

AGE: _____ **DATE:** _____

_____

_____

_____

_____

_____

NAME: _____

AGE: _____ **DATE:** _____

_____

_____

_____

_____

_____

NAME: _____

AGE: _____ **DATE:** _____

_____

_____

_____

_____

NAME: _____

AGE: _____ **DATE:** _____

_____

_____

_____

_____

NAME: _____

AGE: _____ **DATE:** _____

_____

_____

_____

_____

_____

NAME: _____

AGE: _____ **DATE:** _____

_____

_____

_____

_____

NAME: _____

AGE: _____ **DATE:** _____

_____

_____

_____

_____

NAME: _____

AGE: _____ **DATE:** _____

_____

_____

_____

_____

NAME: _____

AGE: _____ **DATE:** _____

_____

_____

_____

_____

NAME: _____

AGE: _____ **DATE:** _____

_____

_____

_____

_____

NAME: _____

AGE: _____ **DATE:** _____

_____

_____

_____

_____

NAME: _____

AGE: _____ **DATE:** _____

_____

_____

_____

_____

NAME: _____

AGE: _____ **DATE:** _____

_____

_____

_____

_____

NAME: _____

AGE: _____ **DATE:** _____

_____

_____

_____

_____

NAME: _____

AGE: _____ **DATE:** _____

_____

_____

_____

_____

NAME: _____

AGE: _____ **DATE:** _____

_____

_____

_____

_____

NAME: _____

AGE: _____ **DATE:** _____

_____

_____

_____

_____

NAME: _____

AGE: _____ DATE: _____

_____
_____
_____
_____
_____

NAME: _____

AGE: _____ DATE: _____

_____
_____
_____
_____
_____

NAME: _____

AGE: _____ DATE: _____

_____
_____
_____
_____
_____

NAME: _____

AGE: _____ **DATE:** _____

_____

_____

_____

_____

NAME: _____

AGE: _____ **DATE:** _____

_____

_____

_____

_____

NAME: _____

AGE: _____ **DATE:** _____

_____

_____

_____

_____

NAME: _____

AGE: _____ **DATE:** _____

_____

_____

_____

_____

NAME: _____

AGE: _____ **DATE:** _____

_____

_____

_____

_____

NAME: _____

AGE: _____ **DATE:** _____

_____

_____

_____

_____

NAME: _____

AGE: _____ **DATE:** _____

_____

_____

_____

_____

_____

NAME: _____

AGE: _____ **DATE:** _____

_____

_____

_____

_____

_____

NAME: _____

AGE: _____ **DATE:** _____

_____

_____

_____

_____

_____

NAME: _____

AGE: _____ **DATE:** _____

_____

_____

_____

_____

NAME: _____

AGE: _____ **DATE:** _____

_____

_____

_____

_____

NAME: _____

AGE: _____ **DATE:** _____

_____

_____

_____

_____

NAME: _____

AGE: _____ **DATE:** _____

_____

_____

_____

_____

NAME: _____

AGE: _____ **DATE:** _____

_____

_____

_____

_____

NAME: _____

AGE: _____ **DATE:** _____

_____

_____

_____

_____

NAME: _____

AGE: _____ DATE: _____

_____

_____

_____

_____

_____

NAME: _____

AGE: _____ DATE: _____

_____

_____

_____

_____

_____

NAME: _____

AGE: _____ DATE: _____

_____

_____

_____

_____

_____

NAME: _____

AGE: _____ **DATE:** _____

_____

_____

_____

_____

NAME: _____

AGE: _____ **DATE:** _____

_____

_____

_____

_____

NAME: _____

AGE: _____ **DATE:** _____

_____

_____

_____

_____

NAME: _____

AGE: _____ **DATE:** _____

_____

_____

_____

_____

NAME: _____

AGE: _____ **DATE:** _____

_____

_____

_____

_____

NAME: _____

AGE: _____ **DATE:** _____

_____

_____

_____

_____

NAME: _____

AGE: _____ **DATE:** _____

_____

_____

_____

_____

NAME: _____

AGE: _____ **DATE:** _____

_____

_____

_____

_____

NAME: _____

AGE: _____ **DATE:** _____

_____

_____

_____

_____

NAME: _____

AGE: _____ **DATE:** _____

_____

_____

_____

_____

_____

NAME: _____

AGE: _____ **DATE:** _____

_____

_____

_____

_____

_____

NAME: _____

AGE: _____ **DATE:** _____

_____

_____

_____

_____

_____

NAME: _____

AGE: _____ **DATE:** _____

_____

_____

_____

_____

NAME: _____

AGE: _____ **DATE:** _____

_____

_____

_____

_____

NAME: _____

AGE: _____ **DATE:** _____

_____

_____

_____

_____

NAME: _____

AGE: _____ DATE: _____

_____

_____

_____

_____

_____

NAME: _____

AGE: _____ DATE: _____

_____

_____

_____

_____

_____

NAME: _____

AGE: _____ DATE: _____

_____

_____

_____

_____

_____

NAME: _____

AGE: _____ **DATE:** _____

_____

_____

_____

_____

NAME: _____

AGE: _____ **DATE:** _____

_____

_____

_____

_____

NAME: _____

AGE: _____ **DATE:** _____

_____

_____

_____

_____

NAME: _____

AGE: _____ DATE: _____

_____
_____
_____
_____
_____

NAME: _____

AGE: _____ DATE: _____

_____
_____
_____
_____
_____

NAME: _____

AGE: _____ DATE: _____

_____
_____
_____
_____
_____

NAME: _____

AGE: _____ **DATE:** _____

_____

_____

_____

_____

NAME: _____

AGE: _____ **DATE:** _____

_____

_____

_____

_____

NAME: _____

AGE: _____ **DATE:** _____

_____

_____

_____

_____

NAME: _____

AGE: _____ **DATE:** _____

_____

_____

_____

_____

NAME: _____

AGE: _____ **DATE:** _____

_____

_____

_____

_____

NAME: _____

AGE: _____ **DATE:** _____

_____

_____

_____

_____

NAME: _____

AGE: _____ DATE: _____

_____

_____

_____

_____

_____

NAME: _____

AGE: _____ DATE: _____

_____

_____

_____

_____

NAME: _____

AGE: _____ DATE: _____

_____

_____

_____

_____

NAME: _____

AGE: _____ **DATE:** _____

_____

_____

_____

_____

NAME: _____

AGE: _____ **DATE:** _____

_____

_____

_____

_____

NAME: _____

AGE: _____ **DATE:** _____

_____

_____

_____

_____

NAME: _____

AGE: _____ **DATE:** _____

_____

_____

_____

_____

NAME: _____

AGE: _____ **DATE:** _____

_____

_____

_____

_____

NAME: _____

AGE: _____ **DATE:** _____

_____

_____

_____

_____

NAME: _____

AGE: _____ **DATE:** _____

_____

_____

_____

_____

NAME: _____

AGE: _____ **DATE:** _____

_____

_____

_____

_____

NAME: _____

AGE: _____ **DATE:** _____

_____

_____

_____

_____

NAME: _____

AGE: _____ **DATE:** _____

_____

_____

_____

_____

NAME: _____

AGE: _____ **DATE:** _____

_____

_____

_____

_____

NAME: _____

AGE: _____ **DATE:** _____

_____

_____

_____

_____

NAME: _____

AGE: _____ DATE: _____

_____

_____

_____

_____

NAME: _____

AGE: _____ DATE: _____

_____

_____

_____

_____

NAME: _____

AGE: _____ DATE: _____

_____

_____

_____

_____

NAME: _____

AGE: _____ **DATE:** _____

_____

_____

_____

_____

NAME: _____

AGE: _____ **DATE:** _____

_____

_____

_____

_____

NAME: _____

AGE: _____ **DATE:** _____

_____

_____

_____

_____

NAME: _____

AGE: _____ **DATE:** _____

_____

_____

_____

_____

NAME: _____

AGE: _____ **DATE:** _____

_____

_____

_____

_____

NAME: _____

AGE: _____ **DATE:** _____

_____

_____

_____

_____

NAME: _____

AGE: _____ **DATE:** _____

_____

_____

_____

_____

NAME: _____

AGE: _____ **DATE:** _____

_____

_____

_____

_____

NAME: _____

AGE: _____ **DATE:** _____

_____

_____

_____

_____

NAME: _____

AGE: _____ **DATE:** _____

_____

_____

_____

_____

_____

NAME: _____

AGE: _____ **DATE:** _____

_____

_____

_____

_____

_____

NAME: _____

AGE: _____ **DATE:** _____

_____

_____

_____

_____

_____

NAME: _____

AGE: _____ **DATE:** _____

_____

_____

_____

_____

_____

NAME: _____

AGE: _____ **DATE:** _____

_____

_____

_____

_____

_____

NAME: _____

AGE: _____ **DATE:** _____

_____

_____

_____

_____

_____

NAME: _____

AGE: _____ **DATE:** _____

_____

_____

_____

_____

_____

NAME: _____

AGE: _____ **DATE:** _____

_____

_____

_____

_____

_____

NAME: _____

AGE: _____ **DATE:** _____

_____

_____

_____

_____

_____

NAME: _____

AGE: _____ **DATE:** _____

_____

_____

_____

_____

_____

NAME: _____

AGE: _____ **DATE:** _____

_____

_____

_____

_____

_____

NAME: _____

AGE: _____ **DATE:** _____

_____

_____

_____

_____

_____

NAME: _____

AGE: _____   **DATE:** _____

_____

_____

_____

_____

NAME: _____

AGE: _____   **DATE:** _____

_____

_____

_____

_____

NAME: _____

AGE: _____   **DATE:** _____

_____

_____

_____

_____

NAME: _____

AGE: _____ **DATE:** _____

_____

_____

_____

_____

_____

NAME: _____

AGE: _____ **DATE:** _____

_____

_____

_____

_____

_____

NAME: _____

AGE: _____ **DATE:** _____

_____

_____

_____

_____

_____

NAME: _____

AGE: _____ DATE: _____

_____

_____

_____

_____

_____

NAME: _____

AGE: _____ DATE: _____

_____

_____

_____

_____

NAME: _____

AGE: _____ DATE: _____

_____

_____

_____

_____

NAME: _____

AGE: _____ **DATE:** _____

_____

_____

_____

_____

_____

NAME: _____

AGE: _____ **DATE:** _____

_____

_____

_____

_____

_____

NAME: _____

AGE: _____ **DATE:** _____

_____

_____

_____

_____

_____

NAME: _____

AGE: _____ **DATE:** _____

_____

_____

_____

_____

_____

NAME: _____

AGE: _____ **DATE:** _____

_____

_____

_____

_____

_____

NAME: _____

AGE: _____ **DATE:** _____

_____

_____

_____

_____

_____

NAME: _____

AGE: _____ **DATE:** _____

_____

_____

_____

_____

_____

NAME: _____

AGE: _____ **DATE:** _____

_____

_____

_____

_____

_____

NAME: _____

AGE: _____ **DATE:** _____

_____

_____

_____

_____

_____

NAME: _____

AGE: _____ DATE: _____

_____

_____

_____

_____

_____

NAME: _____

AGE: _____ DATE: _____

_____

_____

_____

_____

NAME: _____

AGE: _____ DATE: _____

_____

_____

_____

_____

NAME: _____

AGE: _____ **DATE:** _____

_____

_____

_____

_____

_____

NAME: _____

AGE: _____ **DATE:** _____

_____

_____

_____

_____

_____

NAME: _____

AGE: _____ **DATE:** _____

_____

_____

_____

_____

_____

NAME: _____

AGE: _____ **DATE:** _____

_____

_____

_____

_____

_____

NAME: _____

AGE: _____ **DATE:** _____

_____

_____

_____

_____

NAME: _____

AGE: _____ **DATE:** _____

_____

_____

_____

_____

NAME: _____

AGE: _____ **DATE:** _____

_____

_____

_____

_____

NAME: _____

AGE: _____ **DATE:** _____

_____

_____

_____

_____

NAME: _____

AGE: _____ **DATE:** _____

_____

_____

_____

_____

NAME: _____

AGE: _____ DATE: _____

_____

_____

_____

_____

_____

NAME: _____

AGE: _____ DATE: _____

_____

_____

_____

_____

_____

NAME: _____

AGE: _____ DATE: _____

_____

_____

_____

_____

NAME: _____

AGE: _____ **DATE:** _____

_____

_____

_____

_____

_____

NAME: _____

AGE: _____ **DATE:** _____

_____

_____

_____

_____

_____

NAME: _____

AGE: _____ **DATE:** _____

_____

_____

_____

_____

_____

NAME: _____

AGE: _____   **DATE:** _____

_____
_____
_____
_____
_____

NAME: _____

AGE: _____   **DATE:** _____

_____
_____
_____
_____
_____

NAME: _____

AGE: _____   **DATE:** _____

_____
_____
_____
_____

NAME: _____

AGE: _____ **DATE:** _____

_____

_____

_____

_____

_____

NAME: _____

AGE: _____ **DATE:** _____

_____

_____

_____

_____

_____

NAME: _____

AGE: _____ **DATE:** _____

_____

_____

_____

_____

_____

NAME: _____

AGE: _____ DATE: _____

_____

_____

_____

_____

_____

NAME: _____

AGE: _____ DATE: _____

_____

_____

_____

_____

_____

NAME: _____

AGE: _____ DATE: _____

_____

_____

_____

_____

_____

NAME: _____

AGE: _____ **DATE:** _____

_____

_____

_____

_____

_____

NAME: _____

AGE: _____ **DATE:** _____

_____

_____

_____

_____

_____

NAME: _____

AGE: _____ **DATE:** _____

_____

_____

_____

_____

_____

NAME: _____

AGE: _____ **DATE:** _____

_____

_____

_____

_____

NAME: _____

AGE: _____ **DATE:** _____

_____

_____

_____

_____

NAME: _____

AGE: _____ **DATE:** _____

_____

_____

_____

_____

NAME: _____

AGE: _____ **DATE:** _____

_____

_____

_____

_____

_____

NAME: _____

AGE: _____ **DATE:** _____

_____

_____

_____

_____

_____

NAME: _____

AGE: _____ **DATE:** _____

_____

_____

_____

_____

_____

NAME: _____

AGE: _____ **DATE:** _____

_____

_____

_____

_____

_____

NAME: _____

AGE: _____ **DATE:** _____

_____

_____

_____

_____

_____

NAME: _____

AGE: _____ **DATE:** _____

_____

_____

_____

_____

_____

NAME: _____

AGE: _____ **DATE:** _____

_____

_____

_____

_____

_____

NAME: _____

AGE: _____ **DATE:** _____

_____

_____

_____

_____

_____

NAME: _____

AGE: _____ **DATE:** _____

_____

_____

_____

_____

_____

NAME: _____

AGE: _____ DATE: _____

_____

_____

_____

_____

NAME: _____

AGE: _____ DATE: _____

_____

_____

_____

_____

NAME: _____

AGE: _____ DATE: _____

_____

_____

_____

_____

NAME: _____

AGE: _____ **DATE:** _____

_____

_____

_____

_____

_____

NAME: _____

AGE: _____ **DATE:** _____

_____

_____

_____

_____

_____

NAME: _____

AGE: _____ **DATE:** _____

_____

_____

_____

_____

_____

NAME: _____

AGE: _____ **DATE:** _____

_____

_____

_____

_____

NAME: _____

AGE: _____ **DATE:** _____

_____

_____

_____

_____

NAME: _____

AGE: _____ **DATE:** _____

_____

_____

_____

_____

NAME: _____

AGE: _____ **DATE:** _____

_____

_____

_____

_____

_____

NAME: _____

AGE: _____ **DATE:** _____

_____

_____

_____

_____

_____

NAME: _____

AGE: _____ **DATE:** _____

_____

_____

_____

_____

_____

NAME: _____

AGE: _____ **DATE:** _____

_____

_____

_____

_____

NAME: _____

AGE: _____ **DATE:** _____

_____

_____

_____

_____

NAME: _____

AGE: _____ **DATE:** _____

_____

_____

_____

_____

NAME: _____

AGE: _____ **DATE:** _____

_____

_____

_____

_____

_____

NAME: _____

AGE: _____ **DATE:** _____

_____

_____

_____

_____

_____

NAME: _____

AGE: _____ **DATE:** _____

_____

_____

_____

_____

_____

NAME: _____

AGE: _____ **DATE:** _____

_____

_____

_____

_____

_____

NAME: _____

AGE: _____ **DATE:** _____

_____

_____

_____

_____

_____

NAME: _____

AGE: _____ **DATE:** _____

_____

_____

_____

_____

_____

NAME: _____

AGE: _____ **DATE:** _____

_____

_____

_____

_____

NAME: _____

AGE: _____ **DATE:** _____

_____

_____

_____

_____

NAME: _____

AGE: _____ **DATE:** _____

_____

_____

_____

_____

NAME: _____

AGE: _____ **DATE:** _____

_____

_____

_____

_____

_____

NAME: _____

AGE: _____ **DATE:** _____

_____

_____

_____

_____

_____

NAME: _____

AGE: _____ **DATE:** _____

_____

_____

_____

_____

_____

NAME: _____

AGE: _____ **DATE:** _____

_____

_____

_____

_____

_____

NAME: _____

AGE: _____ **DATE:** _____

_____

_____

_____

_____

_____

NAME: _____

AGE: _____ **DATE:** _____

_____

_____

_____

_____

_____

NAME: _____

AGE: _____ **DATE:** _____

_____

_____

_____

_____

_____

NAME: _____

AGE: _____ **DATE:** _____

_____

_____

_____

_____

_____

NAME: _____

AGE: _____ **DATE:** _____

_____

_____

_____

_____

_____

NAME: _____

AGE: _____ **DATE:** _____

_____

_____

_____

_____

_____

NAME: _____

AGE: _____ **DATE:** _____

_____

_____

_____

_____

_____

NAME: _____

AGE: _____ **DATE:** _____

_____

_____

_____

_____

_____

NAME: _____

AGE: _____ **DATE:** _____

_____

_____

_____

_____

_____

NAME: _____

AGE: _____ **DATE:** _____

_____

_____

_____

_____

_____

NAME: _____

AGE: _____ **DATE:** _____

_____

_____

_____

_____

_____

NAME: _____

AGE: _____ **DATE:** _____

_____

_____

_____

_____

_____

NAME: _____

AGE: _____ **DATE:** _____

_____

_____

_____

_____

_____

NAME: _____

AGE: _____ **DATE:** _____

_____

_____

_____

_____

_____

NAME: _____

AGE: _____ **DATE:** _____

_____

_____

_____

_____

_____

NAME: _____

AGE: _____ **DATE:** _____

_____

_____

_____

_____

_____

NAME: _____

AGE: _____ **DATE:** _____

_____

_____

_____

_____

_____

NAME: _____

AGE: _____ DATE: _____

_____

_____

_____

_____

_____

NAME: _____

AGE: _____ DATE: _____

_____

_____

_____

_____

_____

NAME: _____

AGE: _____ DATE: _____

_____

_____

_____

_____

_____

NAME: _____

AGE: _____ **DATE:** _____

_____

_____

_____

_____

_____

NAME: _____

AGE: _____ **DATE:** _____

_____

_____

_____

_____

_____

NAME: _____

AGE: _____ **DATE:** _____

_____

_____

_____

_____

_____

NAME: _____

AGE: _____   **DATE:** _____

_____

_____

_____

_____

_____

NAME: _____

AGE: _____   **DATE:** _____

_____

_____

_____

_____

_____

NAME: _____

AGE: _____   **DATE:** _____

_____

_____

_____

_____

_____

NAME: _____

AGE: _____ **DATE:** _____

_____

_____

_____

_____

_____

NAME: _____

AGE: _____ **DATE:** _____

_____

_____

_____

_____

_____

NAME: _____

AGE: _____ **DATE:** _____

_____

_____

_____

_____

_____

NAME: _____

AGE: _____ **DATE:** _____

_____

_____

_____

_____

_____

NAME: _____

AGE: _____ **DATE:** _____

_____

_____

_____

_____

NAME: _____

AGE: _____ **DATE:** _____

_____

_____

_____

_____

_____

NAME: _____

AGE: _____ DATE: _____

_____

_____

_____

_____

_____

NAME: _____

AGE: _____ DATE: _____

_____

_____

_____

_____

_____

NAME: _____

AGE: _____ DATE: _____

_____

_____

_____

_____

_____

NAME: _____

AGE: _____ **DATE:** _____

_____

_____

_____

_____

_____

NAME: _____

AGE: _____ **DATE:** _____

_____

_____

_____

_____

_____

NAME: _____

AGE: _____ **DATE:** _____

_____

_____

_____

_____

_____

NAME: _____

AGE: _____ **DATE:** _____

_____

_____

_____

_____

_____

NAME: _____

AGE: _____ **DATE:** _____

_____

_____

_____

_____

_____

NAME: _____

AGE: _____ **DATE:** _____

_____

_____

_____

_____

_____

NAME: _____

AGE: _____ **DATE:** _____

_____

_____

_____

_____

_____

NAME: _____

AGE: _____ **DATE:** _____

_____

_____

_____

_____

_____

NAME: _____

AGE: _____ **DATE:** _____

_____

_____

_____

_____

_____

NAME: _____

AGE: _____ **DATE:** _____

_____

_____

_____

_____

_____

NAME: _____

AGE: _____ **DATE:** _____

_____

_____

_____

_____

_____

NAME: _____

AGE: _____ **DATE:** _____

_____

_____

_____

_____

_____

NAME: _____

AGE: _____ **DATE:** _____

_____

_____

_____

_____

NAME: _____

AGE: _____ **DATE:** _____

_____

_____

_____

_____

NAME: _____

AGE: _____ **DATE:** _____

_____

_____

_____

_____

_____

NAME: _____

AGE: _____ **DATE:** _____

_____

_____

_____

_____

_____

NAME: _____

AGE: _____ **DATE:** _____

_____

_____

_____

_____

_____

NAME: _____

AGE: _____ **DATE:** _____

_____

_____

_____

_____

_____

Made in the USA
Middletown, DE
05 May 2023